ANTONIN DELOUME
correspondant du ministère de l'inst. publ.

Note

sur

L'Hôtel d'Assézat

et de

Clémence-Isaure

1895-1903

(Complément de la note de 1897)

TOULOUSE

—

1903

Note

sur

L'Hôtel d'Assézat

et de

Clémence-Isaure

ANTONIN DELOUME

Note

sur

L'Hôtel d'Assézat

et de

Clémence-Isaure

1895 - 1903

(Complément de la note de 1897)

TOULOUSE

—

1903

NOTE

SUR

L'HOTEL D'ASSÉZAT ET DE CLÉMENCE ISAURE

Par M. Antonin DELOUME

(1895 à 1903)

Aux Académies et Sociétés habitant l'Hôtel

La note actuelle a pour objet de compléter celle que j'avais rédigée, en 1897, sous forme de communication faite à l'Académie de Législation et qui avait pour titre : « Les Sociétés littéraires et scientifiques à l'hôtel d'Assézat et de Clémence-Isaure ».

Le tirage à part en fut distribué aux intéressés en un grand nombre d'exemplaires. Le but était de fixer pour chacun, sa situation légale et d'indiquer les possibilités d'un avenir encore lointain.

C'était le moment où je venais d'entreprendre la gestion qui m'avait été confiée, presque imposée même, par la Ville, il y a de cela sept ans et demi.

Parvenu au terme de mon mandat, il me semble utile et peut-être intéressant pour ceux que M. Ozenne a désignés comme les hôtes de la maison, d'indiquer ce qui a été fait et aussi ce qui reste à faire encore.

Au volumineux dossier de chiffres extraits des livres de comptes de la succession, pour l'Administration municipale, j'ai senti la nécessité de joindre, le compte moral, c'est-à-dire l'explication raisonnée des dépenses et des recettes contenues dans nos registres.

J'ai pris, dans ce compte moral, tout ce qui me paraissait avoir un rapport avec les six sociétés appelées par M. Ozenne dans notre belle demeure et je leur adresse l'hommage de cette communication, en y ajoutant quelques observations spéciales. Ce n'est pas seulement afin qu'elles puissent garder la trace de ce qui a été fait pour elles ; c'est surtout, si elles me le permettent, pour les remercier de toutes les facilités, je devrais dire de toutes les satisfactions intimes, que leur prévenante bonne grâce m'a prodi guées, dans l'accomplissement de ma mission.

EXTRAITS DU COMPTE MORAL

PRÉSENTÉ A L'ADMINISTRATION MUNICIPALE. 1895-1902.

SOMMAIRE

VUE D'ENSEMBLE. — I. Acceptation provisoire par la Ville. Refus par elle d'entrer en possession des immeubles sur l'offre faite par le légataire universel. — II........ — III. Modes et garanties de la gestion. — IV... ... — V. Hôtel d'Assézat et de Clémence-Isaure : *a*) État de l'Hôtel en 1895 ; *b*) Travaux de construction et de restauration ; *c*) Travaux d'appropriation; *d*) Installation des Sociétés ; *e*) Mesures complémentaires et projets facilement réalisables dans l'intérêt des Sociétés et du grand public; *f*) Services rendus aux grands congrès nationaux et aux œuvres toulousaines suivant l'intention du testateur. — VI. Résumé et conclusions.

VUE D'ENSEMBLE

Lorsque M. Ozenne, parisien de naissance, devenu nôtre par une longue vie de travail et de succès très mérités dans les affaires, sentit venir sa fin, il voulut rendre à Toulouse un éclatant témoignage de sa reconnaissance (1).

Il laissa son importante fortune, presque tout entière, aux pauvres de la ville, aux malades des hospi-

(1) Il avait été, au début, très modeste négociant au détail, puis représentant du Crédit agricole de Paris, il fit ensuite la banque en son nom. Il se signala par des services éminents rendus au petit commerce toulousain pendant la durée de la guerre. — Il avait été élu ou nommé successivement juge au Tribunal de commerce, puis Président. — Président à la fondation des Conseils des Prud'hommes. — Conseiller municipal et adjoint au Maire pendant de longues années. — Secrétaire puis Président de la Chambre de Commerce. — Officier de la Légion d'honneur et de l'Instruction publique.

ces, aux enfants et orphelins pauvres, aux sourds-muets, aux aveugles, aux sociétés d'employés, aux hommes de science et aux établissements d'instruction publique, lycées et écoles professionnelles de Toulouse.

Mais sa légataire, de beaucoup préférée, fut la Ville représentée par son Administration municipale.

Il l'avait formellement déclaré dans un passage très expressif de son testament; il le prouvait par les actes considérables de bienfaisance dont il lui confiait la réalisation : près d'un million, notamment, pour ses pauvres.

Voici ce qu'il écrivait en tête de son testament :

« Je donne et lègue à la Ville de Toulouse tous les immeubles
« que je possèderai au moment de mon décès et qui seront ou
« devront être rendus libres par mon héritier, libres de toutes
« dettes et hypothèques. Elle en emploiera le montant si elle
« les vend, ou les revenus, à augmenter le bien-être des pau-
« vres, à améliorer le sort des malheureux, afin que le produit
« soit exclusivement consacré à toutes œuvres charitables dont
« je confie le choix à la sagesse et à la conscience de ses admi-
« nistrateurs. Je fais ce don à la ville de Toulouse, en raison
« des sentiments de profonde affection que je lui ai voués,
« après l'avoir habitée si longtemps. J'y ai trouvé la fortune
« dans mon travail. Les honneurs me sont venus sans les avoir
« sollicités. Enfin, j'y ai gagné le bien-être de mes dernières
« années. Il est donc naturel et juste qu'à défaut de proches
« parents qui aient entouré ma vieillesse, je rende à ses habi-
« tants la plus grande partie de ce qui m'a été accordé sur cette
« terre. »

Il lui donnait de plus des objets d'art et cet admirable monument de la Renaissance, l'Hôtel d'Assézat, qu'il venait de sauver d'une détérioration progressive, peut-être même, disait-on, de la destruction ou de la ruine irréparable. J'ai fourni des détails, au sujet de l'Hôtel, dans une brochure publiée en 1897 et à laquelle je me référerai pour compléter la présente note (1).

L'Administration municipale, interprète du sentiment public, s'empressa d'honorer par des funérailles solennelles faites à ses frais, la mémoire du généreux testateur. On ne voulut pas déposer sa dépouille mortelle dans le modeste tombeau qu'il s'était fait construire. On lui réservait, pour le jour où la Ville serait autorisée à recevoir définitivement ces libéralités, une sépulture plus digne de la reconnaissance qui lui était due par ses concitoyens.

C'était en septembre 1895 et par suite des lenteurs, prévues d'ailleurs, des Ministères et du Conseil d'Etat et aussi d'un procès intenté à la Ville par le Bureau de bienfaisance, le provisoire devait durer sept ans et demie. Le décret d'autorisation a été notifié aux intéressés, dans les derniers jours du mois de mars 1903.

Le moment étant enfin venu, grâce en partie à nos insistances réitérées auprès du Pouvoir central à Paris, nous avons hâte de rendre compte de l'administration, que par un honneur un peu contraint au début, on voulut confier à nos soins. J'ai cru de mon devoir

(1) On peut consulter, pour les détails, la brochure intitulée : *Les Sociétés scientifiques et littéraires à l'Hôtel d'Assézat et de Clémence Isaure*, qui fut tirée à un grand nombre d'exemplaires et distribuée, en 1897, aux sociétés désignées pour habiter l'Hôtel et aux personnes les plus compétentes et les plus intéressées. J'y donnais connaissance au public de ce qui avait déjà été fait à cette époque et de ce que j'y devais faire encore, si mon administration devait se prolonger. Nous y reviendrons souvent.

d'ajouter aux comptes et aux détails des comptes en chiffres, tenus conformément aux usages de la maison de banque, un exposé qui en indiquât le caractère et les effets dans leur réalité.

I

Acceptation provisoire par la Ville. — Refus par elle d'entrer immédiatement en possession des immeubles légués.

Par acte du 9 novembre 1895, la Ville assignait le légataire universel en délivrance des immeubles légués et lui signifiait l'acceptation provisoire des legs à elle faits par M. Ozenne.

Cette mesure avait pour résultat de lui assurer, à partir de ce moment, le bénéfice des fruits et produits des legs, jusqu'à la solution définitive à obtenir par le décret d'autorisation.

Très naturellement préoccupé des responsabilités d'une administration qui pouvait être longue et devait tout entière profiter à la Ville, je lui proposai de procéder avec elle, comme je l'avais fait, sans aucune hésitation de part ni d'autre, avec les hospices, c'est-à-dire de remettre entre ses mains, les immeubles à la jouissance desquels elle avait droit. Elle accepta d'abord ; un projet d'acte fut même rédigé par M⁰ Lansac, sur le modèle de celui des hospices ; mais l'Administration municipale changea inopinément d'avis et déclara fermement que les immeubles devaient rester sous mon administration. Je devais donc pendant de longues années, toucher les produits à sa place, pour les lui restituer en bloc à une époque indéterminée. Le procédé des hospices me paraissait beaucoup plus légal et plus avantageux pour tous.

Je pouvais, à la vérité, considérer ces insistances comme une marque très honorable de la confiance de l'Administration municipale et cependant ce ne fut pas sans peine que j'acceptai cette lourde charge. Je ne le fis qu'après des ordonnances du juge de référé qui se déclarait incompétent sur la question, en première instance et en appel.

Je renonçai à poursuivre au fond. La brochure sus-indiquée rapporte les détails de l'affaire. J'y déclarais que malgré mon opinion en droit, je me mettais de tout cœur à une besogne difficile, mais qui avait du moins ses beaux côtés, artistiquement et moralement.

II

Paiement des droits de succession

. . . .

III

Mode et garanties de la gestion

Pour assurer une gestion conforme aux droits, aux intérêts, aux intentions de l'Administration munici-pale et de la Ville, j'ai fait connaître mes actes et mes projets, dans divers entretiens verbaux avec plusieurs membres de l'Administration, et, afin de les rendre plus précis, j'en ai inséré le détail dans la brochure de 1897.

Je m'empressai de me mettre en rapports personnels surtout avec M. le Maire de Toulouse, et il fut décidé avec son assentiment très net, que tous les actes de l'Administration que la Ville avait voulu me confier, seraient accomplis, pour toute la partie des travaux faits aux immeubles, sous la direction et le contrôle de M. Curvale, architecte de la ville. C'est ce qui a été fait de point en point et jusqu'aux moindres détails.

Tous les comptes des entrepreneurs, fournisseurs, ouvriers, etc., ont été approuvés par M. Curvale, revêtus de sa signature et annexés aux registres de la succession portant compte courant des recettes et dépenses de chaque immeuble, avec intérêts réciproques.

IV

Gestion des immeubles de rapport

. . . .

V

Hôtel d'Assézat et de Clémence Isaure

Actuellement, depuis surtout que le premier Congrès national des Sociétés savantes en province, a attiré l'attention sur son artistique et merveilleuse originalité, l'Hôtel, ouvert à tous, est chaque jour visité par les étrangers de passage dans notre cité pittoresque.

Les Toulousains eux-mêmes, qui se plaisaient à suivre les progrès de ses restaurations, aiment à s'y arrêter à l'occasion et sont fiers de s'y trouver réunis aux jours de fête.

Le souvenir des six Congrès nationaux successifs qui s'y sont tenus l'atteste hautement. Nous en parlerons plus loin.

En 1895, lorsque M. Ozenne en fit l'acquisition pour l'offrir à la Ville, des travaux importants étaient devenus absolument nécessaires. Quoique le gros œuvre fût très bien conservé, il devenait urgent d'arrêter les grandes fissures qui s'accusaient chaque jour davantage dans les gros murs. Il fallait aussi, pour l'honneur de la Cité, le relever de ses délabrements et restituer son aspect à ce précieux monument.

Pour se rendre compte de ce qui était à faire sans retard, nous indiquerons brièvement les détériorations qui étaient l'œuvre du temps et celles qui y ont été pratiquées par la main de l'homme. Nous expliquerons ensuite ce qui a été fait pour répondre au plus pressé.

A. — *Etat de l'Hôtel en 1895.*

Il est malheureusement trop évident que dans les dernières années, malgré de bonnes intentions d'abord manifestées sur quelques points, tout avait été sacrifié ensuite, pour faire de ce bel objet d'art, coûte que coûte, un immeuble de rapport.

C'est le rez-de-chaussée, en y comprenant les œuvres délicates de la grande cour, qui avaient eu le plus à souffrir, dans ces travaux d'exploitation à outrance.

L'intérieur avait depuis un temps immémorial été complètement transformé, nous n'en parlons pas et pour cause ; il ne reste plus rien, en effet, de l'état primitif, que l'escalier. N'était-ce pas une raison de plus de conserver soigneusement ce qui avait survécu?

— A l'entrée, le portail de bois ouvré, très artistique, avait été réduit en pièces jusqu'à la hauteur de 1^m50, par le choc répété des charrettes lourdement chargées de marchandises.

On s'était empressé, pour avoir une clôture, de clouer au bas de ce beau portail, d'épaisses planches mal jointes.

Les pierres ouvragées des montants de l'arceau avaient subi un sort pareil.

Cet ensemble charmant, aujourd'hui reconstitué, avait alors l'aspect d'une ruine sordide.

— En entrant à gauche, on avait élevé en cloisons une misérable loge de concierge, et, pour avoir un logement, on avait percé le mur du soubassement de la Loggia.

On y avait joint un petit escalier de bois, pour l'établissement duquel on avait ébranlé les caissons artistiques du plafond et on n'avait pas craint de percer le premier arceau de la Loggia. Nous avons dû, au plus vite, poser un poitrail en fer, pour soutenir le plafond du premier étage, dans le pavillon d'entrée.

— Le gracieux escalier de pierre à deux versants conduisant à la Loggia avait été, à son tour, fort malmené.

Pour donner accès dans les caves du soubassement, aux barriques, aux gros ballots de marchandises, aux caisses, on avait, sans égards, tranché de haut en bas sur une largeur de 50 centimètres environ, les montants sculptés de la petite porte qui ornaient le milieu de la façade de l'escalier.

— Quant à la Loggia italienne soutenue par des arceaux de pierre habilement mêlés à la brique, on en avait fait un appartement. Un banquier y a pendant longtemps tenu ses bureaux.

Mais ce n'était pas sans de graves détériorations que cette transformation s'était faite.

Dans le mur du fond, sur la rue, on avait ouvert une entrée de magasin et plusieurs fenêtres, au risque d'ébranler la solidité des voûtes. Le plafond à caissons dont il reste une bonne partie, n'avait pas été épargné. On avait placé au-dessous de faux plafonds en plâtre.

— L'aile du fond de la cour, à la suite de la Loggia, avait été transformée à l'intérieur, en une sorte de taudis obscur. On avait construit, à moitié hauteur de ce rez-de-chaussée, un plancher, afin d'obtenir deux étages misérables et de doubler ainsi les surfaces utilisables.

— Mais le fait le plus grave, parce qu'il constituait un danger pour la solidité de l'Hôtel, était assurément, qu'on avait, je ne sais à quelle époque, creusé au pied de la tour une large et profonde fosse d'aisance. Les fondations de la haute tour qui constituent au-dessus, la cage du grand escalier de pierre, lui servaient de paroi.

Le séjour très prolongé des matières fécales avait corrodé et effrité les matériaux. En sorte que l'on peut expliquer les longues fissures des façades latérales et du mur de la tour elle-même, par l'affaiblissement des fondations sur ce point important de l'édifice.

— Enfin, la grande aile qui fait face au portail d'entrée avait aussi beaucoup souffert.

A l'intérieur, elle était habitée par la Société du Prêt gratuit qui avait distribué dans diverses salles d'un déplorable aspect, les pauvres hardes, les tristes meubles déposés en gage, en attendant les paiements.

— Le cadre sculpté de la petite porte de l'escalier avait reçu des coups qui avaient laissé leur trace.

— La jolie voûte et la seconde cour, à sa suite, étaient louées à une épicerie en gros. On avait passé une épaisse couche de chaux sur les fines arêtes de la voûte, aux sculptures délicates des chapiteaux et sur la belle figurine de la clef centrale.

Pour ce commerce, roulaient du matin au soir de lourds charrois; on déposait et on transportait de grosses marchandises salissantes.

Sous la voûte et dans la seconde cour se multipliaient à l'infini, des cloisons délabrées et des clôtures ignobles. Ainsi se détérioraient les jolis détails d'architecture cachés dans ces obscurités.

— Le nivellement et le pavage de la cour étaient absolument en désarroi.

— Aux étages supérieurs, les détériorations étaient déplorables, mais nous l'avons dit, bien plus anciennes et l'état primitif impossible à reconstituer.

— Le bel escalier seul, pouvait être ramené à son aspect du seizième siècle. Les murs rejointoyés, et les belles sculptures du premier étage, ainsi que les chapiteaux et les arceaux sculptés avaient été recouverts d'un badigeon blanc uniforme, sous lequel s'effaçait l'harmonie très artistique des couleurs mélangées de la brique rose et de la pierre. Mais ceci n'était pas irréparable et nous avons pu y porter remède.

— L'intérieur des appartements ne conservait plus une seule trace du seizième siècle. Plusieurs fenêtres même, restant déformées à cet étage.

— La seule salle intéressante était très postérieure. C'était l'ancien salon de réception orné par M. de Puymaurin, à la fin du dix-huitième siècle. Mais il avait été divisé en trois parties, pour obtenir une salle à manger, un office, un fumoir, avec des placards.

Dans ces salles, les plafonds et leurs intéressantes frises en bas-relief avaient été cachés sous des cartonnages peints de couleurs très diverses. Il en était de même des belles boiseries qui, d'ailleurs, comme les frises, avaient été conservées sous les peintures les plus étranges.

— Le gracieux coursier de pierre ouvragée qui, au premier étage sur la cour, joint les deux grandes ailes de l'hôtel, avait été transformé en une longue suite de garde-robes.

A cet effet, on avait édifié sur l'épaisseur de la main courante, des cloisons s'élevant jusqu'au petit toit, et, ménagé d'étroites lucarnes de l'aspect le plus ridicule. La main-courante avait été quelque peu ébranlée sous le poids ; des fissures s'étaient manifestées.

On avait fait disparaître, dans l'ombre de ces réduits obscurs, les grandes consoles en boiserie contemporaines de l'hôtel.

— Mais c'est à l'élégante lanterne du sommet de la tour que les précautions à prendre étaient les plus pressantes. On avait reculé, sans doute, devant les

difficultés et la dépense du travail, car depuis longtemps les pierres du dôme étaient fendues, disjointes
et ébranlées L'eau de la pluie passait librement et les
jours d'orages, c'étaient de véritables fontaines qui
coulaient à l'intérieur. La neige, à l'occasion, s'étendait
en couches épaisses même à l'étage inférieur, car l'ancien escalier central avait disparu et laissé sur le sol
de la lanterne un trou béant où l'on montait par une
échelle.

Il fallait, à la vérité, de coûteux échafaudages pour
faire les réparations et le danger s'aggravait tous les
jours.

Le reste de l'édifice souffrait de cet état de choses
auquel nous avons eu hâte de subvenir.

Il était temps de se mettre à la besogne sur tous ces
points déshonorés ou menaçants.

B. — *Travaux de consolidation et de restauration.*

En prenant l'administration des immeubles de rapport, mon devoir immédiat était de les mettre en état
de produire leurs revenus dans les meilleures conditions, nous l'avons délibérément tenté.

En prenant possession de l'Hôtel, le devoir n'était pas
tout à fait le même, mais, pour des motifs divers, il
s'imposait avec la même énergie.

C'est ce que j'ai expliqué dans la brochure de 1897,
avec des détails que je me bornerai à résumer ici.

— Je devais d'abord procéder aux mesures de consolidation et de réparations les plus nécessaires, et ensuite livrer immédiatement l'hôtel à la destination que
lui avait donnée le testateur.

Il n'y avait aucun doute pour les réparations absolument urgentes.

Il fallait donc, au plus tôt, consolider la tour à sa base en reconstituant ses fondations, au point où se trouvait la périlleuse fosse d'aisance.

Il fallait ensuite aller à son sommet, remplacer les pierres brisées et les ouvertures béantes de la coupole. Ces deux travaux, très importants, furent accomplis, comme devaient l'être tous les autres, sous la direction de M. Curvale, dont j'attestais à l'époque, l'habile, incessante et sympathique collaboration. Le temps n'a fait que confirmer mes sentiments à son égard.

Il fallait édifier une coûteuse charpente, et lorsque l'œuvre elle-même fut achevée, au bout de peu de temps, la foudre causa de tels dégâts que nous dûmes replacer les échafaudages et recommencer entièrement le premier travail, presque complètement détruit.

Il fut même jugé nécessaire de faire placer un paratonnerre et de creuser une fosse profonde, faute de puits, pour l'écoulement de l'électricité dans le sol. Les voisins effrayés, le demandaient pour leur tranquillité, et c'était, à plus forte raison, un avertissement en vue de la sécurité de l'Hôtel lui-même.

— Après ces travaux de consolidation, devaient venir les réparations indispensables.

Les pierres et le bois du grand portail exigeaient de non moins pressantes précautions.

Les misères de la façade de 40 mètres de longueur sur la rue de l'Echarpe, réclamaient des soins de propreté auxquels sont soumis fréquemment tous les propriétaires et qui n'avaient pas été pris là, depuis de longues années. Il fallait rejointoyer environ 500 mètres carrés de mur extérieur et restaurer ou refaire les *tourillons* qui restaient encore en partie, au sommet du grand pavillon d'entrée. Nous avons pu, malgré leur état de détérioration, les reconstituer tous, grâce aux restes mieux conservés sur l'un d'eux, au dessus du toit de la Loggia (1).

Nous avons pu faire de même pour les meneaux des deux croisées.

Il fallait réparer l'escalier à deux versants et la Loggia.

Il fallait aussi remettre promptement en état les vastes toitures de briques, leurs charpentes détériorées et spécialement le toit d'ardoises au-dessus de la Loggia.

Les conduites d'eau durent être aussi reconstituées sur ces grandes surfaces, et, pour compléter l'œuvre, la cour fut nivelée et pavée.

C'est à ces divers travaux de nécessité matérielle qu'a été employée la plus grande partie des sommes dépensées avec la même surveillance et les mêmes garanties de prudence que pour les maisons de rapport.

— Mais là ne s'arrêtaient pas les devoirs de la ville héritière, et, par conséquent, ceux de son administrateur.

Les maisons de rapport étant mises en exploitation suivant leur nature, il fallait que l'hôtel reçût aussi sa

---

(1) On peut voir, affichées au cabinet de l'administration, à l'Hôtel, deux photographies représentant l'état des *tourillons* anciens, au moment où ils furent dégagés des matériaux qui les enveloppaient. Ils reproduisent le profil des deux étages supérieurs de la tourelle.

destination, suivant les volontés expresses et les ordres du testateur, donnés sous peine de révocation du legs.

Or, voici les termes du testament à cet égard :

CODICILLE A MON TESTAMENT DU 10 JUILLET 1894.

« L'Hôtel situé à Toulouse, place d'Assézat, que je viens
« d'acquérir de M. Gèze et qui devra s'appeler hôtel d'Assézat
« et de Clémence Isaure, appartiendra, comme les autres im-
« meubles dont je n'aurai pas disposé à un titre quelconque, à
« la ville de Toulouse, mais à la condition formelle qu'il lui
« sera donné la destination suivante, le tout sous peine de
« révocation de ce legs relatif au dit hôtel.

« Les Sociétés savantes devront y être parfaitement et gratui-
« tement installées. Chacune d'elles devra y trouver les locaux
« nécessaires pour ses réunions et archives. La préférence dans
« le choix des locaux sera laissée à l'Académie des Jeux-Flo-
« raux, après elle viendront l'Académie des Sciences et Belles-
« Lettres, l'Académie de Législation, la Société de Géographie,
« et. s'il se peut, les Sociétés de Médecine et d'Archéologie.

« La ville sera expressément tenue de faire à ses frais tous
« les travaux, modifications et améliorations nécessaires à cette
« installation.

« La ville devra aussi établir une grande salle où auront lieu
« les réunions générales et publiques données par ces diverses
« Sociétés.

« Je demande qu'il ne soit jamais traité de questions poli-
« tiques ou religieuses, car j'aime tout ce qui réunit les cœurs
« et je déteste tout ce qui les divise.

« Ma fondation actuelle n'a d'ailleurs qu'un but exclusive-
« ment littéraire et scientifique. En donnant ainsi au susdit
« hôtel d'Assézat le nom de Clémence-Isaure, je me suis ins-
« piré de ce nom gracieux qui a donné à Toulouse le doux
« rayon de gloire qui l'embellit depuis plusieurs siècles.

« Fait à Toulouse, le 30 août 1895.

« OZENNE, *signé*. »

On pouvait, à la rigueur, attendre pour la construction de la grande salle, et l'on peut remettre sans doute encore, cette dépense la plus coûteuse de toutes peut-être ; car malgré la menace de révocation de legs qu'écrivait M. Ozenne, on sait combien il aimait à condescendre aux observations raisonnables ; et telle est, à mon sentiment, la conduite qu'il faut tenir aussi, dans l'exécution de ses dernières volontés.

Mais ce qui devait être immédiatement effectué, c'est l'installation des Sociétés, suivant les désirs formellement exprimés par le testateur.

« Il ne nous était pas permis, écrivions-nous en 1897, sous prétexte de procédure, de laisser durant de longues années (durant sept ans et demi en fait), dans la solitude et dans l'abandon, ce logis réclamé par ses destinataires. »

Et, d'autre part, les termes du testament, pas plus que des considérations d'ordre supérieur, ne pouvaient nous permettre de le garder comme immeuble de rapport. Personne ne pouvait évidemment avoir cette pensée.

C. — *Travaux d'appropriation.*

Ce fut donc avec l'assentiment empressé de l'Administration municipale et, on peut le dire, à la grande satisfaction de notre artistique population que nous continuâmes l'œuvre de rénovation entreprise à l'Hôtel.

Il fallait d'abord, à cet effet, donner congé aux locataires qui restaient encore.

Nous nous entendîmes à cet égard, avec l'Administration municipale qui, par une lettre du 29 janvier 1896, nous donnait avis de signifier leur congé, pour la date la plus prochaine, à MM. Depeyre et Capber, épiciers-droguistes, ainsi qu'à l'Administration du Prêt gratuit qui occupaient le rez-de-chaussée sur la première cour. Les autres locataires étaient déjà partis.

Ainsi l'hôtel était rendu libre, il restait à le rendre habitable et à y appeler ensuite ceux qui étaient désignés par le testament.

Sur ce dernier point, c'est la ville elle-même qui prit les devants. Elle envoya à l'Hôtel, pour y être admises immédiatement, plusieurs Sociétés qu'elle logeait au Capitole ou ailleurs, dans des locaux dont elle avait besoin et qu'elle voulait évacuer tout de suite.

C'est ainsi que nous eûmes à loger le mieux possible et en attendant, la Société de Médecine venant de la rue des Lois, la Société Archéologique qui avait ses archives et ses lieux de réunion au Capitole, enfin l'Académie des Jeux-Floraux qui y avait aussi son mobilier et y tenait ses assemblées chaque semaine.

— C'est à des travaux d'intérieur que nous dûmes alors nous appliquer surtout. Ici les dépenses à la charge de la ville étaient beaucoup moindres. L'installation « confortable » qu'exigeait le testament, n'impliquant pas, à notre sentiment, la fourniture des accessoires ou du mobilier.

— La dépense la plus considérable fut celle du grand escalier qu'on pouvait facilement ramener à l'état primitif, en lui enlevant le badigeon blanc qui en recouvrait impitoyablement même les sculptures très artistiques.

Nous avions retrouvé les traces du primitif rejointoiement de briques qui se combinait très habilement, comme à la Loggia, avec la couleur blanche de la pierre.

Nous rétablîmes l'état ancien, en ayant soin de fournir les preuves de notre exactitude, de même qu'à la Loggia, par des témoins d'environ dix centimètres carrés, laissés de distance en distance à chaque étage, et où l'on retrouve le rejointoiement arrondi fait au seizième siècle, à l'époque de la construction.

Nous portâmes spécialement notre attention sur les sculptures du premier palier, très intéressantes et, d'un style très différent de celui des autres œuvres d'art de l'hôtel, quoique probablement contemporaines.

— Les autres appropriations intérieures avaient beaucoup moins d'importance. C'étaient des cloisons à déplacer ou à faire disparaître ; des travaux de peintures ou de tapisseries; quelques fenêtres ou quelques portes à disposer mais plus de gros œuvre.

— Un travail intéressant, sans être dispendieux, fut au premier étage, la reconstitution du grand salon Louis XVI, de M. de Puymaurin.

Après avoir enlevé les cloisons qui le coupaient en trois et les faux plafonds, nous retrouvâmes les frises en bas-relief, très bien conservées, ainsi que les belles boiseries à peu près intactes, mais le tout avait été recouvert de peintures les plus disparates qu'il fut aussi aisé de ramener à leur couleur primitive.

Nous aperçûmes alors sur les frises en relief, à la mode sous Louis XVI, et parmi les attributs de la littérature, un livre ouvert portant ces mots en lettres d'or : Homère, Virgile, etc., Corneille *sans le com-*

mentaire. Nous avons expliqué ailleurs (1), comment ces derniers mots se rattachent à l'histoire littéraire de la *Cité Palladienne* ; c'était une très piquante trouvaille qui, parmi bien d'autres, rendaient nos travaux aussi utiles qu'intéressants, au point de vue artistique.

— Au même étage, nous eûmes à dégager de son affreux cloisonnage, l'élégant coursier extérieur qui rejoint les deux ailes. Nous pûmes remettre en pleine lumière de grandes consoles en bois sculpté soutenant le petit toit, qui, avec les belles portes du rez-de-chaussée, sont les seuls restes des boiseries anciennes de la Renaissance.

— Enfin, nous pûmes disposer provisoirement le reste de ce premier étage, pour recevoir la riche bibliothèque de l'Académie des sciences. Nous n'eûmes à nous préoccuper que de ne pas compromettre par le poids des livres, la solidité du plafond assez ébranlé au-dessus de la Loggia.

Il y a là un travail de consolidation définitive que nous n'avons pas entrepris, parce qu'il n'était pas immédiatement nécessaire, mais qui nous paraît être d'un intérêt supérieur, comme nous allons l'indiquer·

— Au second étage, l'installation de la Société de médecine et de la Société archéologique se firent sans difficulté et n'amenèrent aucune découverte nouvelle. De même pour l'Académie de Législation au rez-de-chaussée.

Nous disions dans un rapport à l'Académie de législation publié en 1896 :

(1) Réponse au discours de réception de M. Zyromski, élu mainteneur des Jeux-Floraux, 26 avril 1913.

« Si les projets en cours se réalisent, comme il faut l'espérer, nous pourrons réunir au premier étage Ouest et Sud de l'hôtel d'Assézat-Clémence-Isaure, une bibliothèque d'un caractère particulier, composée de celles de toutes les Sociétés qui y seront logées, suivant les vœux de M. Ozenne. Tout en restant à leurs propriétaires respectifs, les livres seront placés sous la surveillance d'un bibliothécaire commun, chargé du classement méthodique, et, responsable de tous les ouvrages. Des salles de travail nous seront préparées dans le voisinage de la pittoresque galerie couverte du premier étage. Nous allons ainsi remettre en pleine lumière, de riches éléments d'étude menacés, perdus ou inutilisés, par la difficulté de les retrouver au moment voulu.

« Et ne croyez pas que ce soit une petite valeur. Nous y ferons figurer nos douze cents volumes avec nos dix-huit périodiques ; les quatorze cents volumes de l'Académie des Jeux-Floraux, ses quarante-huit périodiques et ses précieux manuscrits remontant au Moyen Age ; les quatorze cents volumes de la Société de géographie et ses quatre-vingt-dix périodiques venant de France, des colonies ou de l'étranger, ses plans et ses cartes ; les deux mille cinq cents volumes de la Société de Médecine et ses sept périodiques ; les quatre mille volumes de la Société Archéologique et ses cent soixante-dix périodiques, les quarante mille volumes de l'Académie des Sciences qui s'augmentent de deux cents volumes chaque année et ses deux cent-vingt-quatre périodiques, dont quatre-vingt-douze viennent de l'étranger, notamment d'Angleterre, de Russie, d'Amérique. En tout, plus de cinquante mille volumes et cinq cent soixante-dix périodiques.

Ce serait certainement la plus curieuse et la plus considérable collection de périodiques qui existe en dehors de Paris. En comprenant les plans, cartes, dessins, albums des Sociétés archéologiques, de géographie et de médecine, on voit quel résultat inappréciable peut être atteint. Il se réalisera bientôt, nous n'en doutons pas, dans cet artistique palais des Académies toulousaines que l'on croit être, d'après des recherches toutes récentes, un nouveau chef-d'œuvre de Nicolas Bachelier, sous l'influence de Pierre Lescot et de son Louvre. N'y-a-t-il pas là d'aimables et sérieux stimulants pour tous les nobles efforts de l'âme ? »

Nous reviendrons plus bas sur ce projet très facilement réalisable et sur ses avantages au point de vue des Académies et même du grand public. Nous resterons encore un instant dans le domaine des faits accomplis.

D. — *Installation des Sociétés.*

A mesure que l'immeuble était suffisamment approprié pour répondre aux volontés du testateur et par suite aux désirs des destinataires, nous nous empressions d'accueillir nos six sociétés.

La brochure de 1897 indique l'ordre dans lequel elles se présentèrent et les locaux qui leur furent distribués dans l'esprit du testament, et suivant leurs convenances respectives.

La Ville devait leur donner ces locaux « en bon état de location » suivant l'expression admise, mais nous n'avons pas pensé que les termes du testament : « parfaitement et gratuitement installées » voulussent dire que la Ville eût à leur fournir le mobilier. Il fallait bien que quelqu'un le fît cependant et j'ai pensé que ce devait être une charge de la succession.

La plupart des Sociétés n'avaient, en effet, que quelques chaises, une table et une bibliothèque; le tout en triste état.

C'eût été absolument méconnaître les intentions de M. Ozenne à leur égard, que de les maintenir à l'Hôtel dans ce mobilier misérable et si peu en rapport avec le beau logis qu'on leur offrait en son nom.

Or, si elles n'avaient pas de mobilier, elles avaient encore moins le moyen de se le procurer. L'état de leurs finances était et est encore déplorable, après avoir été très suffisant autrefois.

Les lourdes charges consistant en récompenses ou prix de concours, en impression de travaux, leur sont restées, mais les subventions qui répondaient à ces charges ont à peu près totalement disparu.

C'est la succession qui, pour réaliser la pensée complète du testateur, dut à grands frais se charger du mobilier, dont elle ne songe, d'ailleurs, à demander le montant, ni à la Ville ni aux Sociétés appelées par elle à en profiter.

Les Académies des Jeux-Floraux et de Législation logées, l'une par la Ville depuis des siècles, l'autre par le Tribunal civil, n'avaient absolument que leurs bibliothèques et leurs archives.

Quant à la Société de Géographie, elle n'avait guère plus, malgré le très grand nombre de ses membres;

aussi avons-nous dû faire, à son usage, un mobilier très considérable.

Nous avons combiné cette nécessité, pour le moment, avec d'autres d'un genre différent, en faisant une grande salle dont nous allons parler plus en détail et dont l'Administration s'est réservée la disposition pour d'autres usages.

— Ainsi au moment actuel, chacune des six sociétés désignées par M. Ozenne a ses locaux distincts ; elle garde son existence propre et indépendante sous la direction, au point de vue des dispositions matérielles, d'un administrateur qui n'a eu que des satisfactions dans son œuvre d'intérêts communs.

Mais si l'essentiel est fait, la pensée du généreux testateur n'est pas encore complètement réalisée, c'est ce que nous allons indiquer en quelques mots.

E. — *Mesures complémentaires et projets facilement réalisables dans l'intérêt des Sociétés et du grand public.*

Nous reviendrons d'abord sur cette observation que la bibliothèque organisée à l'Hôtel contiendrait plus de cinquante mille volumes, des travaux absolument introuvables ailleurs, de précieuses collections qui pourraient, grâce à notre organisation, être mises à la portée de tous les travailleurs et du public, très promptement et sans de grands frais.

— L'Académie des Jeux-Floraux qui remonte au commencement du quatorzième siècle (1323), a conservé ses archives. Elle possède des manuscrits sur parchemins enluminés écrits en langue romane, de la plus haute valeur.

— L'Académie des sciences a, depuis le dix-septième siècle, recueilli de précieux documents.

— Les bibliothèques et archives des quatre autres sociétés remontent moins haut, par la date de leur création ; mais elles ont collectionné aussi de précieuses richesses scientifiques, artistiques et d'intérêt local.

— Nous signalerons particulièrement, à cet égard, la Société archéologique du midi de la France qui acquiert sans cesse de très intéressantes antiquités de la région surtout, et, dont bénéficie l'Hôtel des Académies toulousaines.

— Dans les six bibliothèques viennent s'augmenter tous les jours les ouvrages nouveaux et les nombreux périodiques, collection unique en province dont nous parlions plus haut.

Dans ces bibliothèques, parmi les œuvres que nous qualifions d'introuvables, sont des livres contenant des documents très utiles à consulter, souvent uniques et qui n'ayant pas eu de succès de vente, ne peuvent plus se retrouver dans le commerce.

Les travaux intéressants enfouis dans le tas de ces échoués, très souvent par une injustice du sort, reparaîtraient dans les catalogues méthodiques par ordre de matières, épargnant ainsi les recherches sans cesse recommencées et les œuvres inutilement renouvelées. Que de tirages à part, que de brochures ou de livres, spécialement sur le passé de la région, seraient mis ainsi sous la main des intéressés.

Or, nous l'avons dit, en consolidant le plafond de la

Loggia, travail que M. l'architecte déclare très peu coûteux, l'exécution de ces projets pourrait être immédiatement réalisée.

Ce travail rentre absolument d'ailleurs, dans les termes même du testament, car ce ne sont pas seulement les sociétés, mais aussi « leurs archives » qui doivent être « gratuitement et parfaitement installées dans l'Hôtel ».

— Mais on peut alors se demander pourquoi nous n'avons pas pris cette disposition en même temps que les autres.

Les raisons en sont très simples : c'est au point de vue de la construction, qu'il eût été imprudent de continuer le maniement des livres sur un plancher suspect.

Au point de vue de l'entreprise elle-même, la raison est encore plus aisée à justifier et complète ce qui précède.

On me permettra de donner ici quelques explications sur chacun de ces deux motifs de mon abstention.

Et d'abord la question de la possibilité matérielle :

La bibliothèque de l'Académie des sciences composée, à elle seule, de plus de 40.000 volumes, avait dû être déposée à l'arrivée, au-dessus de la Loggia. On l'avait fait avec de grandes précautions et sur les indications fournies par M. l'Architecte lui-même.

Nous avions dû placer le poitrail en fer, dont nous avons parlé, pour soutenir une partie du plancher et le reste n'était pas sans laisser quelques appréhensions. Les livres avaient été soigneusement rangés contre les murs, ou directement, sur les arceaux de la Loggia ; il ne fallait recommencer le déplacement, de leur poids très lourd, que pour faire un travail définitif. Or, ce travail définitif n'était pas encore possible.

En effet, au point de vue de la formation de la bibliothèque commune, il fallait attendre que les rapports des Sociétés entre elles et aussi les rapports de ces Sociétés avec la Ville, fussent nettement établis.

J'ai eu l'honneur de m'expliquer, à cet égard, dans la brochure de 1897 et mieux encore, verbalement, dans cette aimable réunion qu'on voulut bien m'offrir à l'Hôtel, en 1899, pour m'exprimer de sympathiques adhésions dont je garderai toute ma vie le souvenir reconnaissant. Aucun de ceux qui voulurent bien l'organiser ou y adhérer n'échappe ni à mon souvenir, ni à ma gratitude.

La brochure s'exprimait ainsi :

« Jusqu'à ce jour, la direction, quelque effacée qu'elle pût être, a dû rester dans les mains où sont encore toutes les responsabilités. Mais à la cessation de ce provisoire, ce serait une délégation nommée dans les rangs de chaque Société qui prendrait les soins communs de l'administration et le pouvoir.

« Les traditions et le mouvement d'ensemble de chacune des Compagnies y seraient représentés par leurs secrétaires perpétuels ou généraux ; un membre annuellement élu par chacune y serait l'organe, sans cesse rajeuni, des initiatives et des tendances nouvelles.

« C'est un acte législatif, la rédaction d'un règlement soumis ensuite à l'approbation des Sociétés, qui serait le premier de ses actes.

« Le second devrait porter, sans délai, sur l'organisation des bibliothèques et du secrétariat en commun par application du règlement nouveau ».

Cette organisation d'ensemble, sous forme de syndicat ou sous toute autre forme à régler prochainement, ne pouvait se concilier d'abord avec les responsabilités de mon administration, responsabilités qui restant absolues, devaient être prises dans une indépendance complète.

Ce motif, assurément très suffisant par lui-même, se joignait d'ailleurs, dans mon esprit, à des préoccupations qui m'obligeaient à ne pas procéder résolument, sur ce point de mon administration, comme sur les autres.

Il y a, en effet, dans les relations des Sociétés et de la Ville, des questions de convenances réciproques à régler sagement et par une entente préalable.

Il en est ainsi, notamment, de l'organisation intérieure des habitants de l'Hôtel dans leurs rapports entre eux et avec l'extérieur.

Cela ne peut être fait définitivement, que lorsque l'Administrateur provisoire aura rendu ses comptes, remis les soins de l'Administration à la Ville propriétaire définitive et aura déposé ses pouvoirs, à la fois testamentaires et municipaux, avec les responsabilités qui s'y rattachent ; c'est à-dire, lorsque se trouveront en présence les personnes directement intéressées.

Alors, mais alors seulement, le choix des livres apportés par chacun, avec les précautions de nature à conserver la preuve de leur origine, c'est-à-dire le nom de la Société propriétaire, le classement de ces livres, leur disposition dans la bibliothèque commune, la détermination de la part des frais de chaque société, pour les dépenses du matériel et le salaire du personnel, pourront être utilement réglés.

Ils le seront ou bien par le Conseil d'administration élu ou bien par les délibérations des Sociétés elles-mêmes. Tout cela devra être effectué conformément aux statuts équitablement établis par l'accord de ces Sociétés.

Ce sera, si on le veut, sur l'initiative de l'administrateur provisoire, auquel semble incomber naturellement la charge de faciliter la transition après laquelle expirera sa mission municipale, pour ne laisser subsister que la mission testamentaire, de laquelle il ne saurait se départir.

Et pourquoi ne pourrait-on pas alors, dans des conditions de prudence très légitimes et partout usuelles, ouvrir l'accès de nos bibliothèques au grand public, qui n'en connaît même pas l'existence ?

Rien, je puis le dire, ne serait plus conforme aux intentions libérales de M. Ozenne, en même temps, évidemment, qu'à celles de la Municipalité.

C'est donc à la Ville de faire immédiatement le travail de consolidation qui lui incombe, au-dessus de la Loggia. C'est aux Sociétés de prêter leur cordial concours à cette innovation utile et généreuse.

— Il resterait cependant encore à la Ville une œuvre importante à accomplir et que M. Ozenne considérait, dans son testament, comme tellement urgente, qu'il en a fait une condition résolutoire du legs. C'est suivant ses propres expressions : « la grande salle des réunions générales et publiques. »

Faut-il se mettre, aussi sur ce point, immédiatement à l'ouvrage ? C'est ainsi certainement, que l'a entendu M. Ozenne. Mais si on pensait devoir retarder quelque temps cette nouvelle dépense, nous avons

déjà parlé de l'esprit raisonnable et conciliant de celui
dont nous sommes l'interprète; et, l'exécuteur de ses
volontés agirait, comme il l'eût fait, sans doute, lui-
même.

Au surplus, il nous paraît utile de faire connaître à
ce sujet, la pensée tout entière du testateur et d'indiquer ce que nous avons déjà fait nous-même, pour
en préparer la réalisation. Nous sommes absolument
renseignés sur le caractère et l'étendue de ses projets
sur ce point.

C'est en constatant qu'à chaque grande séance donnée
par la Société de Géographie, à la rue de Rémusat, un
nombre considérable de personnes étaient obligées de
s'en retourner, en présence d'une salle envahie, que
M. Ozenne avait eu le désir très vif d'offrir au public
d'élite de ces belles et patriotiques séances, un local
moins restreint.

Il y avait mûrement réfléchi de son vivant, il a voulu
assurer un résultat par son testament.

Nous nous sommes arrêté devant l'importance de
ce travail. A la vérité, nous y avons songé, « seulement,
écrivions-nous en 1897, construire une salle contenant
six à huits cents auditeurs, comme l'indique le testament, n'est pas un simple acte d'administration et
nous avons dû nous borner à moins que cela.

« Nous nous sommes félicité du moins, de pouvoir
démontrer jusqu'à l'évidence, par suite des travaux
effectués, que la volonté expresse de M. Ozenne, peut
être réalisée sans qu'on ait même à construire les
murs, puisqu'ils sont déjà tous disposés et prêts à
servir d'appui à un grand ciel-ouvert. En dégageant
la seconde cour des taudis, des platras et des ordures

qui la couvraient, nous avons mis au jour un espace libre bien plus que suffisant.

« Les orateurs de nos conférences n'ont pas d'ordinaire, l'habitude de la parole devant le grand public ; quel que soit l'empressement de la foule, il leur faut une salle de dimensions assez restreintes pour que leur voix puisse parvenir à l'auditoire. C'est ce qui est surtout nécessaire, nous l'avons observé bien souvent, pour les plus intéressants d'entre eux. les explorateurs par exemple. La pensée de M. Ozenne était bien celle-là. Il existe des documents qui le prouvent de la façon la plus certaine. Il avait songé à faire agrandir la salle de la rue de Rémusat, mais en lui conservant encore des proportions modestes, que l'on pourra atteindre sans peine ici, au moyen de tribunes disposées dans la nouvelle salle. »

Nous avons fait même plus que dégager le terrain. Nous avons préparé ce qui pourra être l'estrade réservée au Bureau et à l'orateur.

Nous avons eu l'heureuse fortune de tirer de l'oubli où il se dégradait, le beau plan en relief de la chaîne des Pyrénées par M. Decomble, pour le placer, après l'avoir restauré à grands frais, sur cette estrade comme peinture de fonds. Une cloison légère fait aujourd'hui de cette estrade une salle annexe pour la Société de Géographie.

— En attendant, l'achèvement de la salle projetée et pour répondre au plus pressé, dans les vœux de M. Ozenne, nous avons disposé au rez-de-chaussée, entre les deux cours, une salle pouvant contenir environ 350 personnes, c'est-à-dire beaucoup moins que celle de la rue de Rémusat, trouvée insuffisante.

Cette salle provisoire que nous avons convenablement meublée, aux frais de la succession, comme les autres, était nécessaire pour les réunions ordinaires de la Société de Géographie, chaque semaine. Elle est suffisante pour ces séances, de même que pour la plupart des séances publiques des autres Sociétés.

Nous avons eu soin de la décorer en vue de sa double destination. Nous avons placé en faisceaux, sur les murs, les drapeaux officiels des grands Etats contemporains (1) groupés avec ordre à côté des drapeaux de notre pays.

Mais nous avons voulu y rappeler aussi, le souvenir de l'antique civilisation de notre Midi qui servit de trait d'union puissant, entre Rome et le nord de l'Europe.

Nous avons, à cet effet, disposé sur des socles, une série de bustes d'empereurs romains de l'époque des Antonins, empruntés, par le moulage, à la belle collection de Martres-Tolosane qui constitue un reste absolument précieux de la sculpture de cette grande époque. C'est une des gloires de notre passé.

Afin de mettre autant que possible les choses en harmonie, nous avons scrupuleusement reproduit, en guise de tenture, les teintes et les bordures de l'une des salles, dite de l'Athénée, conservées dans les ruines de Pompéi. Nous pouvions ainsi, sans trop de frais, donner une physionomie locale et suggestive, au lieu des réunions de notre Toulouse scientifique, littéraire et historique.

(1) Ces drapeaux ont été fournis par la pavillonnerie maritime de Rochefort.

Malgré l'insuffisance de ses dimensions, cette salle
a rendu de signalés services aux sociétés. A leur grand
honneur, et à celui de l'Hôtel, elle a pu se prêter aux
œuvres d'intérêt supérieur que nous allons énumérer
avant de conclure.

— Mais éclairés par l'expérience de sept années,
nous ajouterons ici, que l'Administrateur responsable,
s'est réservé très opportunément jusqu'à ce jour, la con-
cession de cette salle pour des séances publiques ou
assimilables par billets d'entrée, soit aux étrangers,
soit même aux Sociétés habitant l'hôtel.

C'est ce que, à mon avis, les administrateurs délégués devront nécessairement pouvoir faire encore, soit
pour la salle actuelle, soit pour la grande salle à édifier, et dont l'emploi a été rigoureusement réglé par
le testateur.

Qu'on me permette de le redire très fermement,
c'est à l'Administration tout entière de l'Hôtel que cette
très grave question des séances publiques doit rester
confiée.

Chaque Société doit sûrement être maîtresse chez
elle où elle est seule responsable de ses actes. Mais
lorsque le public est appelé, la porte peut être ouverte
aux débats et aux passions les plus opposées à la pensée
« *Sine qua non* » du créateur de l'œuvre.

Il ne faut pas, en matière si délicate, que l'acte peut-
être irréfléchi de l'un des habitants, fût-il un être col-
lectif, puisse engager envers le public et envers le testateur la responsabilité de tous les autres.

L'autorisation de l'Administration peut n'être pour
les cas ordinaires, pour les réunions normales, qu'une
formalité, elle est en ce cas, une mesure d'ordre inté-

rieur indispensable. Mais la question des séances publiques ou assimilables peut facilement devenir, je puis l'attester, une question des plus importantes et des plus difficiles parfois à résoudre ; il y faut ou le sens d'une responsabilité directe et personnelle, ou les lumières, les garanties de prévoyance et la liberté d'action du conseil des délégués à l'administration générale.

C'est un domaine commun, particulièrement difficile à gérer, en dehors des cas normaux, et dont on ne doit pouvoir disposer qu'avec l'assentiment commun.

On pardonnera ces observations à mon dévouement ardent pour l'œuvre qui nous honore et aussi au sentiment du devoir strict et légal qui m'incombe, d'assurer la réalisation des volontés très formelles du testateur, mon vieil et respectable ami.

F. — *Services rendus aux grands Congrès nationaux et aux œuvres toulousaines, suivant l'intention du testateur.*

La tradition veut que le mouvement des esprits ait toujours été particulièrement actif à Toulouse.

Cette tradition doit bien avoir quelque chose de vrai puisque remontant à César, à Strabon, à Martial, à Ausonne, elle s'est perpétuée sans interruption, à travers les siècles, jusqu'à nous.

Les Gasconnades, qu'un illustre lettré appelait « *d'ingénieuses fictions* », sont plutôt des excès d'exubérance naturelle de l'esprit qu'un signe de disette ; et

l'on nous appelle en style académique, parfois encore,
« la Cité Palladienne ».

Nous pouvons, dans tous les cas, sérieusement accep-
ter cet antique surnom, quelque solennel qu'il puisse
être, à l'aspect de notre Salle des Illustres. Comment
ne serions-nous pas hautement fiers de nos grands
artistes, et le beau chant toulousain dit, avec raison
peut-être, que nous le sommes aussi de nos Académies.

Les événements de notre vie municipale sont inces-
samment mêlés à des fêtes ou à des conflits académi-
ques. Tout démontre désormais que le grand mouvement poétique de la Renaissance était parti de nos
régions, pour se répandre du Midi au Nord et à l'Ouest

Remontant plus haut, l'histoire atteste que les trou-
badours du Verger des Augustines constituèrent un
groupe littéraire, le plus ancien de tous, depuis le ré-
veil des lettres et des arts. La preuve est conservée
dans nos précieux registres enluminés du quatorzième
siècle. Elle se renouvelle dans la popularité persis-
tante de la Fête des Fleurs au Capitole, et le nom de
Clémence Isaure caractérise encore très clairement
dans tous les pays, même hors de France, la bannière
de nos artistes et de nos admirables chanteurs toulousains.

Tous ces souvenirs étaient passionnément présents à
la pensée de M. Ozenne, lorsqu'il voulut réunir à l'Hôtel d'Assézat les continuateurs de ces traditions, les
écrivains, les savants, les poètes qu'aucune direction
officielle ou extérieure n'a rassemblés, et qui, depuis
des siècles, restent groupés par le seul mouvement de
leur goût et de leurs tendances intellectuelles ou artistiques.

Notre Université est sûrement la plus ancienne de toutes, après celle de Paris, et, à certains égards la plus nombreuse, et, à la tête, à ce point de vue, de toutes celles de nos provinces. Son extension scientifique et ses moyens matériels d'action se développent magnifiquement chaque jour, et, nous n'aurons plus à redouter bientôt, sous aucun rapport, nos illustres rivaux de l'Italie et de l'Allemagne.

Mais, au dire de ceux des nôtres qui parcourent, en savants intéressés à leur œuvre, ces doctes régions, il est ici une institution particulièrement originale et rare. C'est le groupement toulousain vraiment libre et spontané, des travailleurs qui sont réunis dans l'admirable Hôtel de nos Académies.

Nous n'oserions peut-être pas être aussi affirmatifs dans notre propre louange, si nous n'étions pas soutenus, devancés même, par le témoignage de ceux qui ont reçu l'hospitalité de notre charmante demeure.

Lorsque le Gouvernement voulut réaliser cette féconde et généreuse pensée de réunir les Congrès annuels des Sociétés savantes, alternativement à Paris et dans une grande ville de province, on se demanda quelle ville serait honorée, la première, de cette haute faveur.

Je pourrais établir, preuves en main, que, joints aux offres pressantes de la Ville et de l'Université, les dessins et les plans de notre Hôtel présentés comme centre du Congrès, contribuèrent puissamment à attirer les regards de Paris sur Toulouse.

On sait avec quel éclat ces débuts de la centralisation passagère du mouvement des esprits en province furent célébrés, et quels souvenirs en sont restés ineffaçables.

Depuis cette heureuse initiative, presque chaque année, les grands Congrès se sont renouvelés sous notre toit hospitalier.

Ce furent successivement, les Congrès nationaux de la Tuberculose en vue d'organiser la lutte contre le terrible fléau, et plus particulièrement dans les grands établissements d'instruction ou de travail industriel.

Puis vint le Congrès de Médecine qui réunit dans nos murs les illustrations de la capitale et celles de nos grandes Universités provinciales et étrangères.

Ce fut ensuite le Congrès de la Photographie, dont l'utilité scientifique et industrielle et les progrès artistiques semblent marcher de pair dans des voies inattendues.

L'année dernière ce fut le Congrès de la Paix, présidé par le vénérable vieillard qui consacre à la recherche du progrès social, sa généreuse activité de cœur et d'esprit : j'ai nommé Frédéric Passy.

Le Congrès du Sud-Ouest navigable, entreprise d'intérêt français autant que méridional et toulousain, va, dans quelques jours, y faire entendre son appel a la France entière.

Et un autre Congrès important y tiendra, j'espère, bientôt ses assises, afin de mettre à profit les richesses de ces montagnes qui, chaque jour, au pittoresque lointain de l'horizon, semblent nous faire leurs offres. Si les renseignement officieusement fournis sont exacts, c'est le Conseil municipal tout entier et à l'unanimité qui aurait proclamé la nécessité du Congrès de la Houille blanche, ces jours derniers.

Je m'étais très sympathiquement associé, comme administrateur de l'Hôtel, à la pensée d'ouvrir nos portes à ce nouveau Congrès et je souhaitais ardemment que le vœu que je formulais alors, en ce sens, reçût, à l'époque fixée, son opportune et certainement féconde réalisation.

Les étrangers, sur beaucoup de points, ont été tentés avant nous, par nos torrents, nos marbres et nos mines de métaux ; ils menacent de nous envahir, au grand préjudice de nos intérêts et de notre honneur. Il faut accomplir nos devoirs et garder chez nous tous nos droits.

La houille blanche vit au grand jour, elle n'a pas comme l'autre, un sombre cortège de tristesses et de dangers ; la science moderne étend à de grandes distances ses forces méconnues ; il faut nous hâter de répandre ses bienfaits sur toute la surface de nos fécondes régions. Ce sera pour notre Hôtel un honneur de plus, de se mettre au service de cette haute et utile pensée.

M. Ozenne écrivait dans son testament :

« Ma fondation actuelle n'a qu'un but exclusivement littéraire et scientifique. » Nous avons agi dans ses vues, en attirant chez nous, à leur complète satisfaction, les Congrès dont le travail purement théorique se préoccupait, le plus souvent, d'un but pratique à atteindre, ce qui est au fond l'objet de tous les efforts de l'homme.

Nous avons agi dans le même esprit, en recevant les groupes toulousains qui ne traitant « ni de matières religieuses, ni de matières politiques », ainsi que l'exige le testament, avaient été désignés comme particulièrement sympathiques au testateur. La Société d'Agriculture, le Conseil des prud'hommes pour leurs distributions des prix seulement.

Le Club-alpin, la Société des pharmaciens, la Société Photographique, quelques réunions littéraires de jeunes, sont venus en passant, nous demander l'hospitalité. Nous ne l'avons donnée qu'avec la certitude que les volontés du testateur seraient rigoureusement observées ; c'était et ce sera le meilleur moyen de lui témoigner la reconnaissance qu'il mérite à un si haut degré.

VI

Résumé et Conclusion.

Quant aux immeubles de rapport nous avons dit :

. . . .

Nous nous sommes expliqué en détail en ce qui concerne les dépenses de l'Hôtel d'Assézat.

Nous éprouvons le besoin d'y insister en nous résumant, à raison de leur importance. Ces dépenses s'imposaient comme immédiatement nécessaires, soit au point de vue légal, soit au point de vue du simple bon sens et du sentiment public.

— Légalement, d'abord, puisque la Ville touchait les produits des immeubles de rapport, il fallait qu'elle supportât, simultanément et à partir du même moment, les charges de tous les immeubles légués, indistinctement. C'est en ce sens que j'ai dû accomplir mon mandat, sous les yeux bienveillants de l'autorité publique, de tous les intéressés et conformément aux volontés évidentes du testateur.

Les membres de l'Administration et divers membres

du Conseil municipal sont venus plusieurs fois, en personne, prendre part aux séances et aux belles fêtes de nuit données à l'Hôtel. M. le Préfet, M. le Maire ou ses Adjoints, ont assisté et même parlé ou présidé à plusieurs séances publiques données dans la grande salle, sanctionnant ainsi l'œuvre qui s'accomplissait sous leurs yeux.

Ce fut donc aussi avec raison que l'Administration municipale donna elle-même l'élan de cette œuvre de restitution artistique et vraiment Toulousaine, en faisant signifier leur congé à tous les locataires et en envoyant à leur place les Sociétés qu'elle logeait.

Bien qu'une part considérable des éloges revienne de droit à M. Curvale, il ne nous convient pas de parler ici, des appréciations favorables venues unanimement sur cette restauration à peu près complète. Nous pouvons dire du moins, que, très attentifs à satisfaire aux justes et bienveillantes critiques, nous nous sommes efforcé d'agir au mieux, pour épargner les deniers de la Ville, en accomplissant notre devoir et le sien en son nom.

— L'immeuble qui en était l'objet était-il digne de ces dépenses et de ces soins ? C'est une question qu'il n'est pas permis de discuter, dans notre intelligente et artistique cité.

De la réponse indubitable, doit donc ressortir également la justification de notre œuvre au point de vue du sentiment public.

Nous l'avons dit, les Toulousains ont hautement manifesté leur avis à cet égard, soit lorsqu'ils ont eu à craindre de perdre leur beau monument, soit lorsqu'ils l'ont vu renaître.

Personne, dans notre ville, connaissant le testament, n'aurait pu admettre que, pendant de longues années, l'Hôtel fermât ses portes délabrées et restât livré à l'abandon, au silence, à la nuit, aux dégradations qui le menaçaient de toutes parts. Le testateur avait désigné ses hôtes, il était urgent d'exécuter toutes ces conditions.

Tel était absolument ici le sentiment unanime.

Quant aux étrangers, même du rang le plus élevé, leurs visites sont quotidiennes à notre Hôtel dont ils paraissent charmés.

Parmi leurs suffrages, nous choisirons les plus autorisés, en rapportant seulement deux propos très concluants :

Lorsque l'éminent membre de l'Institut, conservateur du Louvre, M. Héron de Villefosse, président du Congrès de 1899, eut à parler, dans une de ses exquises harangues, de l'Hôtel et de la fête de nuit qui y avait été offerte, la veille, aux savants étrangers, il se laissa entraîner par la beauté du spectacle.

Il ne trouva rien de mieux, pour traduire ses impressions, que d'invoquer éloquemment au milieu de nous, le souvenir des fêtes de la Renaissance, dans la Florence des Médicis.

Et, à la même époque, dans un entretien moins public, mais qui n'était pas, non plus, tout à fait privé, sous l'influence des mêmes impressions, M. le Maire fut pris à partie, et, nous entendîmes M. le Ministre de l'Instruction publique ainsi que M. le Directeur général des beaux-arts, cédant aux représentations enthousiastes de notre concitoyen M. le Directeur de l'Opéra, préparer, en termes convaincus, un séduisant projet.

M. Gaillard était encore tout vibrant des chants toulousains de la fête du Congrès à la Loggia, qu'il avait enlevés de sa baguette magique et auxquels il avait pris sa part personnelle très brillante. Sur son initiative, les trois chefs officiels de l'art français se promettaient leur mutuel concours, en personnel, en matériel, en mise en scène, pour organiser, à bref délai, dans la cour et à la Loggia, une ou plusieurs représentations artistiques reproduisant les fêtes italiennes du seizième siècle, au milieu de leurs merveilleux et authentiques décors de l'époque. (1)

Nous sera-t-il donné d'assister à ce spectacle unique ? Il n'y faut peut-être pas renoncer ; trois sur quatre des interlocuteurs sont restés à leur poste et aucun assurément, ne démentirait aujourd'hui, le souvenir de leurs artistiques émotions de ce moment.

C'était, tout au moins, un éclatant témoignage de leur admiration, pour le chef-d'œuvre de Nicolas Bachelier.

— Quelles dépenses faites très légitimement, en vue de l'art et de l'ornementation de notre ville, peuvent être plus opportunes que celles qui ont rappelé cette belle demeure à la lumière ?

Elle honore notre passé par son archaïque et pure élégance de formes, et notre présent par une destination dont les plus grandes villes universitaires de

---

(1) Notre collègue et confrère, **M.** le doyen Mérimée, a déclaré, pendant la lecture faite, ces jours derniers, à la Société archéologique, avoir été l'un des témoins de ce colloque quasi officiel et très animé.

l'Allemagne ou de l'Italie ne sauraient nous offrir un aussi original et aussi admirable modèle.

— M. Ozenne a doté la ville de ce somptueux présent ; le reste de sa fortune a été consacré, presque en entier, aux œuvres les plus généreuses, d'un caractère surtout toulousain et même municipal, la Ville voudra rester exactement fidèle à l'exécution de ses volontés.

Dans ces mêmes pensées, nous nous sommes appliqué à répondre à la confiance qu'on a bien voulu nous accorder, nous efforçant toujours d'agir sous le couvert d'un sentiment public dont nous avons constamment recherché et cru recevoir le précieux témoignage.

Toulouse. — Imprimerie LAGARDE et SÉBILLE, rue Romiguères,

9 782019 938383